CONTENER EL FUEGO

ADRIÁN O. LOZANO

Aliarediciones

Corrección: Eladia Guerrero
Diseño de cubierta: Andrea Béjar
Maquetación: Aliar Ediciones

Depósito Legal: GR 836-2025
ISBN: 979-13-87823-34-4

Impreso en España

Edita
ALIAR Ediciones
www.aliarediciones.es
info@aliarediciones.es

CONTENER EL FUEGO

ADRIÁN O. LOZANO

Debo domar tu corazón
y enterrar el filo de tu espada.

JÓSEAN LOG

Pero el torso arde aún igual que el candelabro.

RAINER MARÍA RILKE

EN SU CORAZÓN, ESCUCHO

Escribo esta invitación a la lectura y esta celebración de lo que pasa por el cuerpo de Adrián antes de que suceda la poesía, y no sé cómo hacerlo. Si él supiera hasta qué punto no sé cómo hacerlo —porque leerá estas líneas y no me creerá, pensará que es una impostura, el juego que propongo a modo de prólogo—.

Yo no me relaciono fácilmente con el texto poético. En su presencia, soy un niño indefenso. Me veo superado por su oscuridad —de todos los géneros o nichos de escritura, es aquel que mejor traduce a la sombra—, y noto los límites de mi entendimiento como si pudiera tocarlos con la mano. Esto último me encanta y me aterra, y no tendría ningún problema con la contradicción que ello supone de no estar ahora mismo en el brete de ponerle palabras y también —quizá— un mínimo sentido, aquello que se le exige a una introducción.

Por suerte, *Contener el fuego* me gusta mucho. Tal vez, si me aferro a algo tan subjetivo y tan sincero como el gusto personal, acabe por hallar la forma.

No conozco mucho a Adrián. Lo que sé de él me ha venido a través de las palabras que ha puesto ahí, en el espacio en blanco. Han sido medidas con tiralíneas, eso es evidente. Como si hubiera estirado una cuerda desde el comienzo hasta el final de cada verso para sentir su impacto y su vibración. A veces pulsas un verso suyo —aunque no sé si le pertenecen, siquiera— y suena una nota, o una melodía completa. Eso es casi un milagro. Ese movimiento. Que ocurra. Yo no sé cómo ha llegado a ese nivel de destilación. Si todo artista serio, como decía Tarkovsky, tiende hacia la sencillez, él debe de ser uno de esos. Y, sin embargo, hay mucho desenfado y poca ceremonia en su lenguaje, así que tampoco lo llamaría yo «un poeta serio». Esa etiqueta se le cae enseguida, a poco que te internes en su bosque.

Ahí he dado con algo. Sí. Su poesía es un bosque a mitad de verano, cuando la canícula no ha caído aún del cielo. La luz del sol se escabulle y relampaguea por la superficie de las cosas, sobre todo en la superficie de los cuerpos —porque este poemario se llama *Contener el fuego*, pero también podría titularse *Contener el cuerpo*—. Existe en esa paz estival que es la paz de una siesta sobre una toalla de playa y la paz de después de hacer el amor y la paz de los cementerios. Es cálida y sensual. También es apasionada y urgente hasta la obcecación.

Entregada a no soltar la plenitud. A no conformarse con menos plenitud. Esto es tan profundamente humano que me desarma. Porque, vamos a ver, ¿quién quiere salir alguna vez de ese bosque en donde todo encuentra su sitio y descansa?

Pero enamorarse es lo mismo que desenamorarse, y encontrar tu centro, lo mismo que soltarlo o perderlo. Creo que Adrián respira en esa identificación de opuestos, y por eso lamenta su herida en una página y la agradece en la siguiente. Digo esto para ti, lectora posible, en caso de que pienses surcar estas páginas anclada a una sola emoción-guía; intuyo que te harán falta unas cuantas más, y ninguna va a ser lo bastante prominente como para indicar un único surco de significado. La poesía nos la tenemos que hacer nosotras mismas. Tanto mejor que no venga el poeta a decirnos qué hay que sentir, pues si lo hace, si quiere habitar *hasta ese punto* el misterio, entonces su idioma no vivirá mucho. Es por ello por lo que una estrofa de Emily Dickinson vive como la veta de una montaña, y muchas otras han dejado de ser paisaje.

Acabo de encontrar una suerte de galería subterránea entre las dos. Bien. Hay un verano en Massachusetts que parece ser réplica de este. «Aquella nuez que abriste en la piscina» podría ser el germen que precipita el «funeral en el cerebro» de la poeta. Quién sabe.

Eso que dije al principio queda de manifiesto ahora, a saber, que no sé ponerle palabras a la poesía sin hacer poesía, sin llamar a otras voces —recurso que Adrián emplea y perfecciona—, burlándome un poco del orden y el academicismo que se le presupone a un texto de estas características. Así que me arrojo a una conclusión, tan díscola como sincera: admiro profundamente lo que está a punto de desplegarse, más allá de esta nota, porque viene de un respeto a la palabra y de un rigor poco habituales, porque su rigor no es hermético sino que me incluye, me deja verme en sus aguas, me produce el calambre estético de las melancolías inesperadas o de las preguntas sin respuesta, y ha sido vivido a corazón abierto y sin miedo, sin pudor, sin defensa.

Esta poesía se ha puesto en peligro. Ese es su valor, y esa nuestra suerte.

Sergio Martínez Vila

I.

dices no ser aquel pájaro libre
(intentas decir con las palabras)

Cuando nos aman tememos
que el amor desaparezca.

AUDRE LORDE

El abismo que aún
en los amores entre iguales
permanece siempre.

MARÍA ZAMBRANO

Dices tu luz llena mi mundo
Dices avanzar a algún lugar
Dices estar desnudo
No Dices *nada*
más.

Dices ser invisible, permanecer oculto
y aún me pareces ser:

el sonido penetrante de los animales
y aún un tren
un cruce de caminos
y aún la piel y aún la montaña.

/ Rompes el silencio y hablas,
—no es la primera vez
que pareces
un ángel—.

Dices no ser
aquel que
dices.

Dices que ya no queda nada
por hacer,

que no hay camino,
que no hay frutos.

Dices:
la muchedumbre se convierte en sal

(mascas el polvo y las brasas sin abrasarte)

dices
del miedo
y permaneces lejos

dices
ser consciente
en un acto de resistencia

dices ver
algo inaudito
en los ojos del mundo.

Dices en derredor todo es rojo y oscuro
me abre en dos la incertidumbre
y me devora el miedo.

Nunca estuvo así de vivo el viento:

están claudicando todos los sonidos
y derrotados se aceptan como yo.

Parecen llenar las calles reclamando tu regreso.

(Ya no te espero solo:
nadie nos obliga
a amarte así).

Yo aún no sé cuánto tarda un pájaro
en romper el huevo
y si es al final, ahí
dentro, cuando
ya no puede
más.

(Le digo ahí la luz ahí la esperanza
le digo todo tu pasado es una flor
le digo aquí la mano que se entrega
[recorre tranquilo los lugares de la dicha
le digo dónde terminan los sonidos
dónde se funde el mar

Le digo lo que sueñas para ti te reconduce

Le digo ahí los obstáculos
Le digo:
Aquí el Amor)

II

cartas o poemas son lo mismo
(para mí deben llevar tu nombre)

Tu figura se ilumina al fuego
y algo quiere salir.

VICENTE HUIDOBRO

Y no hay fuego:
solo huellas de mis manos.

PAOLA SOTO

Amor, si tú te vas yo me pregunto
qué quedará de ti en esta casa
y en este cuerpo

si habrá alguna marca
que no se borre con
el paso del tiempo

si el hueso que roíste
encima de la cama
quedará para siempre

si habrá postales
donde pueda verte
de nuevo acompañado
de nuevo s o n r i e n d o

si he de aceptar la pérdida
como la única forma
de escribir poesía
y presentarme así:

siempre desnudo,
frágil,
amarillo,
inmaculado.

(Mientras vuelves a vestirte
yo juego a interpretar
las delicias suaves
que haces con
tus labios).

Quizá más tarde escuches por televisión
que aquel avión
se estrelló

y que solo por una casualidad
te salvaste.

Quizá más tarde descubra
que estabas en lo cierto

que los inocentes nunca mueren
porque parecen no ir
detrás del peligro.

Quizá más tarde pueda
calmar esta ansiedad
tomar en consideración
lo que hice bien
pensar que al menos yo cumplí
            con todo lo que nos prometimos.

Quizá más tarde
no tenga que seguir
buscándote.

Tiemblo
como si todo lo exterior
fuera un reflejo
de ti.

Vuelvo a temblar,
porque ahora sé
que puede ser
verdad.

Chocar con las olas
y caer levemente

olvidando
toda solidez,
y la muerte.

Cualquier atisbo del peso
es arrastrado hasta
el fondo del
océano.

Desechamos los desastres
como el mar desecha
nuestros cuerpos.

Cruzamos una cordillera
que crece bajo el agua
y exploramos juntos
el lecho marino.

Tenemos coronas de algas
entre los dedos
de las manos

somos niños submarinos
y penetramos en
la oscuridad
abisal.

Ahora que ya te has ido puedo fantasear
con todas las imágenes
desde las que te admiro
detenidamente de diferentes formas:
vestido y no vestido
sucio y alguna vez pulcrísimo
con camiseta blanca
y un jardín tupido
brotando
del pecho.

Ahora que ya te has ido puedo fantasear
con todas tus miradas
con tu aguijón de avispa.

(Algo robusto levanta el pantalón de chándal,
algo robusto evidencia tu amor).

Ahora que ya te has ido puedo fantasear
con un placer dorado,
y, por una vez,
con otros.

Ahora que ya te has ido
un conjunto de lilas
cae
desde
mis manos.

Es verano y percibo
el sonido permanente
del agua, su leve caudal

(dice llenarnos de reposo el río).

La hoja que se cae nos habla:
el reflejo de la luz incide en su reverso
y en el tronco que aún permanece erguido.

Voces familiares
interrumpen con brevedad
la inocuidad de la siesta del estío

me hacen pensar

en la vulnerabilidad del pez
y en cómo se reflejan las escamas
en tu torso, apuntando directo al corazón

—inevitablemente yo bramo—.

Tus costillas están labradas en la sombra
y la mitad de tu torso
es un espejo,

tu mirada cede con el velo de la tarde
y el río nos empapa
finalmente
a los dos.

Un halo de luz,
o el simple destello
que surge de una mano
que comienza a escribir.

MARÍA SÁNCHEZ

Esparzo migas sobre la mesa
y las tomo de este recipiente como si fuese un pájaro.
Aleteo preguntándome si puedes impedir acaso esta ofrenda,
acaso este capricho, acaso esta tarde me pregunto:

si no podría arrullarte como lo hace la hoguera
o este clavo ardiendo que extraje del pecho.

Me acuerdo del manantial
en el que te sumerges
donde al fin puedo verte desnudo
y escribo otra vez:
desnudo
porque esta palabra es salada
y tu cuerpo es un verbo sobre el que balbuceo
y tu paso es fugaz sobre las aguas

y el gemido
lo ahoga
la tierra.

Un manantial fluye
destellando sobre tu cuerpo,

una golondrina, ave de paso,
entreteje en tu pelo

y del pecho: ¡ay!
¡una azucena blanca,
una amapola, un colibrí!

Te encuentro al fin
sentado en una roca.

Estás desnudo
y todos los músculos
parecen dibujarse sobre ti
y a mí me enredan.

La luna comienza a gobernar la noche
y a punto parece de
decir tu nombre.

—Ya no puedo separar la vista de tu cuerpo
pero pareces ignorarme mientras fumas.

Siento que se desvanecen
todas las ideas en mí,
se acaba el tiempo—.

Qué difícil fue
hablarte a ti
tan de corrido

(no decirte que traté de abandonar).

Qué difícil fue
volver a abrazarte
como lo hacía
el viento

(no dejar que te borrara).

Qué difícil fue
interpretar el mundo
que hacías con los labios
y la lengua

(no entender ese sonido cósmico).

Qué difícil fue
desenredar tus alas,
surcar por tu espalda,
y salir ileso

(no portar la herida).

Qué difícil fue
dejar a tantas aves
posarse en nuestros cuerpos

(no invocarlas).

Qué difícil fue
tenerte aquí delante
parado, en carne y hueso,

y no excederme.

El verano parece un solo día
y los niños juegan y ríen
en el río.

Lo minúsculo
se apoya en mí: es un mosquito
—pura aerodinámica
brillando sobre
mi meñique—.

Todo se posa lento
sobre algún lugar de la memoria
y traslucen para ti las hojas
de los árboles.

Los pastos están secos
y los burros mastican
con dificultad,
alguno llora.

El brillo del efebo
salva la distancia que ha orillado
el agua sobre la superficie.

Me acuerdo del fracaso y de por qué
siempre termino
trayéndote
al texto.

El brillo del agua en la piel
me recuerda que habito
un organismo inteligente
que regula su temperatura

me hace olvidar el día
en el que tienes
que volver.

Fijas la mirada sobre mí
y el musgo asoma por tu pierna
—aquella roca angelical
y viva—.

(dibujas corrientes en el agua)

Tu protuberancia es un monte
sobre el que hago surcos.

(aleteas simulando la alegría)

Un faro atraviesa mi garganta
y al girarse sobre sí
todo lo alumbra.

Tu mirada,
camuflada por la luz,
vuelve a clavarse en mis ojos

y haces un surco
por el que corren
nuestros cuerpos.

Un calor salvaje me quemó de pronto la carne.
[…] La piel se me volvió traslúcida.

AGUSTÍN GÓMEZ ARCOS

Me paseo con mi daga
de poniente a oriente,
de norte a sur,
ya no lo sé

estoy vagando
por todas las ciudades,
estoy siguiendo el rastro
que dejas con
tu cuerpo:

así es como me voy
volviendo palabras.

Aprieto la mandíbula
y veo el brillo
que emite
el acero
al reflejar
la luna.

Hago espirales con la lengua
como a ti te gusta.

Me dices:
Es así como funciona el universo
—y yo te creo.

Podrías caer
y yo te agarraría
mucho antes de llegar al suelo

(esto parece ser para ti *la devoción).*

Hago rodar mi rueda junto a la del tiempo:
¿Ya me ves?

Afuera en el jardín encuentro
aliento en las flores,
en un reflejo,
en ti

—o, mejor, digo:

las flores son un reflejo de ti

o, mucho mejor, digo:

las flores que hay en ti
son un jardín,

me robas el aliento
y me atraviesas—.

Te siento inhalar sobre mi cuello:
Tengo un deseo en la nuca
guardado para vos.

ISLA MUJERES

Los poemas llenan mi casa
y donde digo casa pongo
alma o digo pájaros

los poemas
llenan mi cuerpo

y en el lugar del cuerpo
digo tesoro, cicatrices
inmensos océanos

los poemas
llenan mi lengua
que se destraba sin fisuras
en la rosa

y en su lugar digo
submarino,
acuífero y
tormenta

los poemas
llenan tu cuerpo
que separo y confundo
con el barro

o debería decirte:
confesión,
fracaso,

hambre de luz,
y mundo.

Pregunto: ¿Cuál es el miedo que habita en mí?

El viento sigue acometiéndonos
mientras dibuja señales en tu cuerpo
que me niego a abandonar.

Soy un extraño habitando
un cuerpo rechazado.

Soy un imán, un cruce,
un puente:
el fuego.

Conjurar. *Verbo.*
1. Impedir o evitar con previsión una situación que resulte peligrosa.
2. Preparar la expulsión antes de que el olor a muerto contamine el cuerpo.

Ante tu tronco
planto una semilla

solo pretendo
calentarte como
lo hace el sol

hago una especie de ritual
donde no hay dios
ni jueces

juro que nadie mira
y eyaculamos
juntos

desde
la raíz.

Desde este lugar veo tus ojos brillantes
y mi mano acariciando el miedo

—el pantalón en los tobillos
demuestra la vulnerabilidad
a la que me sometes

con un gesto dominante
casi arcaico, milenario—
me lanzas al borde
del precipicio

recorro con mi lengua
la piel, lo duro y lo viril

entiendes dónde quiero
tu barbilla y de nuevo,
las venas de tu brazo
son simientes

(parezco una abeja
que recolecta
el polen)

y a punto de ser crucificado,
aparece el chorro
de la miel.

(Ya no puedes
ignorar
que existo).

Siento la inmanencia de la roca,
su importancia y lugar

estoy a merced del tiempo y me entrego
a escuchar con atención
las estaciones,

hago memorias

aguardo el milagro del fruto
y las flores componen
un nuevo jardín

parezco un árbol caduco
que entrega sus hojas
—los poemas
                    desprendidos
                                        de tus ramas—

¿y las aves?

las aves
hacen de mí
su campanario.

A veces tengo la sensación
de que somos solo
lo que el sol
proyecta

y te imagino bailando
en medio de todo
este caos

—es un hecho inabarcable
que trato de asir—

a veces también
pretendo
llenarte
de regalos
de anécdotas
de algún recuerdo
feliz antes de conocerte

y a veces también
me asalta a la memoria
aquella nuez que abriste en la piscina

o cómo partes
la manzana
para dos:

haciendo
una vasija
con tus manos
pareces entregar
            la flor de loto.

Esperaba encontrarte
afuera en la ciudad.

Esperaba encontrarte
al regresar a casa.

Esperaba encontrarte
entre alguna notificación
de WhatsApp.

Esperaba encontrarte
semihundido:

como el perro
del cuadro
que vimos
de Goya.

(Hoy me has dejado comprobar
que nada se salva
de la muerte).

Abrir así tu boca con mis manos
Abrir así tu boca con mi pecho
Abrir así tu boca con mi boca

Abrir así tu boca
—parece tan
frágil—.

Abrir así tu boca
hasta calmar
la sed.

Cómo defino este placer henchido
que siento al ver tu cuerpo:

La Imposible Fuga.
La Oblicuidad.
El Pectoral.
Tu Ojo.

(Siento que tu desnudez
me perturba   por completo
                                    el sentido de
                                     la realidad).

Entre tu cuerpo y el mío
hay un mar de corrientes
desconocidas

donde creo que es mejor
cerrar los ojos,

aguardo un momento
antes de tocar
tu espalda

y después te recorro
suavemente con la yema
de los dedos.

¿Es este el puente de esmeraldas que nos une?

Cuando vas al agua las caracolas
se hacen con tu sien,
con tu mirada.

Me gusta cómo se reparten
las piedras sobre el fondo
y cómo las subrayas.

(Yo permanezco sumido
        en el lado sombrío
                de la tarde).

Y los juncos y diablillos siguen a lo suyo:
                enraizados y vitales sobre el agua.

Se mecen las hojas con la brisa,
        y los pájaros te abrazan.

                (Contentos los sonidos
                        se retiran).

Un fuego dentro de otro fuego
hace que desbocado vaya
hasta tu encuentro.

Y en ese ardor perezco,
—yo me entrego:

Soy polvo caliente
para ti—.

III

bosquejar la despedida
(cuaderno de apuntes)

Debería haber llorado sobre las marcas
[…] Porque ya era la despedida.

ROSARIO BLÉFARI

Enciendo para ti la casa poema.
Ojalá te proteja y te caliente.

IOANA GRUIA

1. puedo arrodillarme y encontrar un lugar donde escribir;
2. provoco incendios (veo las nubes reflejando el fuego);
3. lleno de piedras la barquita donde se supone que tenemos que permanecer a salvo;
4. atravieso un bosque que habla de otras posibilidades;
5. mantengo la llama contenida para que no te prenda;
6. planto árboles que me hablan de otro amor y de volar;
7. siento el viento acariciarme, *yo construí un nido para ti*, me dice;
8. hago un baile con mi fragilidad para que te agarres de mi boca [o me abraces;
9. huelo a jazmín, ¿comprendes?

10. una casa bien iluminada;
11. poner las plantas donde les dé más el sol;
12. dices soñar un tiempo donde nada nos domine;
13. una historia parecida a la nuestra pero que termina bien;
14. ¿puede el deseo reproducirse infinitamente?;
15. un pájaro tratando de decirnos algo, ¿pide perdón?;
16. estar junto a las plantas para que nos vean crecer, ¿es triunfar?;
17. fuera de la ficción dejo de soñar contigo (parece verdad), ¿qué
[sentido tendría otra batalla?

18. el hogar es la deriva;
19. todo lo que miro lo miro para ti;
20. la luz entreverada llena el espacio vacío;
21. (tu boca abierta sobre mi pecho);
22. apareces otra vez en sueños, te convierto en ave;
23. hay cosas que, como símbolos, conviene dejar atrás;
24. reescribo: «eres un sueño / con tu cuerpo / me convierto / en ave»

25. lloraba el mundo sin ti, se desunía;
26. parece que seguir a tu intuición te salvará la vida;
27. «lo bello no es lo que está desnudo, sino lo que se desnuda»;
28. pongo mi cuerpo en peligro para cogerte a ti;
29. no puedo hablarte más de tantas penas;
30. *you have done enough*;
31. basta.

32. la escritura me parece un refugio;
33. cada recuerdo solo es un fragmento;
34. ¿puede más el miedo o la verdad?, preguntas;
35. agazapado contienes todo en ti, yo te descubro;
36. la luna es un portal, el poema lo oculta;
37. el lenguaje crea, inaugura el mundo;
38. el viento parece un pasillo.

39. busco un disfraz para acercarme a ti y que así no temas mi fragilidad;
40. los pájaros no cofunden su amor, no los gobierna el azar;
41. no sé dónde termina ni dónde empieza tu cuerpo;
42. quiero aprenderlo;
43. pareces un cisne erguido varias veces sobre sí;
44. me atrevo a mirarte los huesos, estoy de cuclillas;
45. (ante tu tibio labio bermellón espero para asaltar);
46. endulzas todo con tu rastro;
47. hincho el cuerpo de aire, me convierto en gárgola.

48. se convierten en brasas tus pesares;
49. todos los días parecen festivos desde que te fuiste;
50. las sombras se sacuden, organizan un festín;
51. están bien, todo se calma, soy la luz que centellea,
[que sale de los ojos;
52. trato de informarte, de darte el remedio;
53. he de aprender a confiar y a descansar;
54. empiezo a ver con claridad las hojas,
[a ojos de todos parezco desnudo.

55. confundo tu risa con una melodía;
56. puedo decir: soy una golondrina, confío en la ternura;
57. el amor tiene un lenguaje propio;
58. el amor transita como las estaciones;
59. erróneamente escribo: el amor es un tránsito hacia el
conocimiento,
[goce y plenitud de palabras con las
que te abrazo;
60. el viento sigue acometiéndonos:
es imposible contener el fuego;

61. (hago acopio para ti, y me aparto).

ÍNDICE

Este libro se terminó de editar en Granada
en junio de 2025 por

www.aliarediciones.es
info@aliarediciones.es